MES
RÉMINISCENCES
DE
L'ESPAGNE.

DE L'IMPRIMERIE DE CONSTANT-CHANTPIE,
Rue Sainte-Anne, n° 20.

ATTAQUE NOCTURNE d'un Coche-Collieras (Bande)
Dans les Montagnes de CIUDAD-RODRIGO.

... épargnez ni le sexe, ni l'âge ... crie Trasbani chef de ces
brigands   Page 63.

MES
RÉMINISCENCES
DE
L'ESPAGNE,

ESQUISSE RAPIDE DES MŒURS ET USAGES DE CES CONTRÉES
CÉLÈBRES ; TACTIQUE DES GUÉRILLAS ET DES MIQUELETS ;
TABLEAU DES BANDES DE BRIGANDS DE LA PÉNINSULE, ET
ANECDOTES AYANT TRAIT A CE PEUPLE SINGULIER ;

Par le PETIT DIABLE BOITEUX,
De la Vieille-Castille.

Dans ces climats brûlans, dans ces rochers sauvages,
Dont les flancs sont noircis par l'Océan des âges ;
L'homme stoïque et fier, courageux par orgueil,
Regarde avec dédain la vie ou le cercueil.

ORNÉ D'UNE JOLIE GRAVURE.

PARIS,
CHEZ CONSTANT-CHANTPIE, IMPRIMEUR,
Rue Sainte-Anne, n° 20.

1823.

A MON LIBRAIRE.

Vous désirez donc, mon cher associé, que d'un caducée magique, nouveau *Diable boiteux*, je m'exhume encore une fois de ma fiole cinéraire, et m'élançant, avec mes béquilles, sur les toitures des villes de l'antique Ibérie, sur le sommet des rochers, ces vieux ossemens du monde, je décrive les bizarreries, les singularités d'une nation qui semble, depuis des siècles, s'être exilée du reste du monde?... — Allons, préparons nos chevalets, nos couleurs et nos pinceaux ; et dussé-je me rompre encore une autre jambe, planons dans ces régions enflammées, où la Discorde fait siffler ses serpens, où Bellone en fureur trempe les roues de son char homicide sur l'herbe rougie de sang humain !...

Mettons-nous donc à l'œuvre ; *Remon-*

tous le fleuve de la vie dans la barque du passé, dirait ici certain auteur romantique, et sur l'aile des RÉMINISCENCES parcourons rapidement ce curieux théâtre sur lequel toutes les lorgnettes politiques de l'Europe sont braquées maintenant.

Venez, songes enchanteurs de ma jeunesse!... rendez-moi, s'il se peut, la palette brillante de l'imagination, et que j'y broie le plus frais coloris pour peindre les grâces piquantes d'une *Andalouse*. Tour-à-tour badin et sérieux, je décris les singularités, les bizarreries de ce peuple exclusif et solitaire, puis rembrunissant mes pinceaux, je mets à la main des *femmes terribles de Valence* un poignard homicide. Là, j'exhume les douleurs glorieuses de cinq cent mille Français, victimes d'une ambition insensée!.... Ici, j'ouvre les cachots de l'inquisition, les cavernes des brigands!... je pénètre, avec le lecteur, dans les plus mystérieuses retraites. Bientôt, pour dissiper les ombres qui obscurcissent son front, je le

(7)

conduis aux *courses de taureaux*, aux théâtres, aux *tertullas* (cercles) des belles Castillanes. Nous faisons ensuite un voyage avec les braves MIQUELETS, les *guerillas*, gens de bonne composition et très-curieux à connaître.

Il faut être pieux en voyage ; après quelques tournées, viendra le *pélerinage*, objet important chez les *péninsulaires*. De la NAISSANCE, du MARIAGE et de L'EN-TERREMENT, ces trois principaux rouages sur lesquels tourne toute la machine ronde, je remonte aux grands intérêts généraux. Bref, nouveau *Diable boiteux castillan*, je vais rassembler tous les *souvenirs* de mon séjour pendant six ans en Espagne, afin d'offrir au public, dans des articles successifs, *le panorama moral et physique* de ces célèbres contrées, peint d'un crayon assez fidèle pour rendre l'illusion presque complète. Mais je vous en préviens, mon cher libraire :

Tandis que les journaux, sur la PAIX ou la GUERRE,
D'un encrier fécond nourrissent leur colère ;

Et qu'en prédicateurs, sermonant tous les rois,
Près de leur cheminée ils vident leur carquois ;
Moi, d'un crayon léger, loin de la politique,
Je ne broie en ce jour qu'un coloris comique :
Point d'esprit de parti, point de guerre de mots ;
La *Folie* est mon guide, et ses joyeux grelots
Agités dans les airs, vont diriger ma plume ;
Erasme, en ce sujet fit bien un gros volume !....

Le pont d'Irun franchi, je parcours tous les lieux ;
J'esquisse les travers en vrai *Diable boiteux* ;
J'indique les écueils à nos braves armées ;
Je domine en vainqueur du haut des Pyrénées !...
Mais ferait-on la paix, après tant de rumeurs ?...
Mes souvenirs alors sont un tableau de mœurs.
Dans ma robe de chambre, enjambant la Murcie,
D'un seul bond me voil près de l'Andalousie.

Enfin, m'efforçant de suivre le précepte d'Horace (*miscere utile dulci*), levons le rideau et commençons la pièce par los caroucos de la Navarre et de la Catalogne.

MES
RÉMINISCENCES
DE
L'ESPAGNE.

PREMIÈRE RÉMINISCENCE.

LA physionomie singulière de l'Espagne se montre de suite aux frontières par une brusque transition de teintes sauvages et pittoresques, sans prendre, par aucune alliance de voisinage, les couleurs des rapports limitrophes qu'elle a avec la France; tel un fleuve courrait au sein de l'Océan sans altérer la pureté de ses ondes. C'est une nation fière, exclusive, dédaigneuse, qui, sous le rapport de ses *mœurs, usages et costumes*, a fait, depuis des siècles, un orgueilleux divorce avec l'Europe, et ne serait jamais entrée en aucun accommodement avec elle, si la philosophie, d'un visage serein

et conciliateur, ne se fût rendue médiatrice.
Ainsi, voyageur, êtes vous à peine sur la cime
des rochers biscayens ou navarrais, ayant le
vaste Océan à l'horizon, vous pouvez vous
croire à mille lieues de l'Europe. L'atmosphère
est enflammée des ardeurs d'un soleil brûlant,
l'air est volcanique, le feu coule dans les veines
du sol; la nature, sur ce théâtre immense, riche en amphithéâtres imposans, absorbe entièrement l'œuvre de l'homme, et donc   de loin,
aux hameaux et même aux villes, l'aspect de
mesquines inégalités, à côté de ces chaînes
de montagnes sourcilleuses, qui, toujours cou-
ronnées de neiges, entretiennent un commerce
éternel avec les cieux.

Après avoir, en quelque sorte, rempli toutes
vos facultés de ce grand spectacle, votre cu-
riosité, plus calme, descend insensiblement de
ces puissantes impressions aux détails. L'homme, dans son orgueil, se cherche partout : il
est vrai qu'ici, il faut convenir qu'il est un peu
humilié de la petitesse de son rôle, qui, dans
ces coulisses incommensurables, le rend quelquefois imperceptible. Enfin, moins éblouis,
vos yeux découvrent sur la lisière des rochers,
une petite caravane *nébuleuse* (si l'on veut

bien toutefois me passer cette expression) :
elle se dessine en spirale, et sa tête semble vo-
guer dans les vapeurs des nuages qui l'enve-
loppent. C'est un *convoi de mulets*, conduits
par des *arrieros* (muletiers); ces mulets, dont
le pied sûr marche avec une égale fermeté sur
le bord des précipices, sont chargés de très-
lourds ballots qui renferment des comesti-
bles, des liquides contenus dans des outres ou
peaux de bouc, des étoffes de toutes espèces.
Le premier mulet, en tête, en outre d'une
infinité de grelots (*cascavelès*), porte ce que
les Espagnols appellent *sintzero*, qui est une
assez forte clochette, d'un timbre grave, mais
sonore ; son carillon domine le bruit de toutes
les autres clochettes, et sert de guide principal
à toute la caravane, qui ne saurait marcher
sans ce *cymbalier* bruyant, dont la sauvage
harmonie se reproduit d'écho en écho jusqu'au
fond des rochers.

Les *arrieros*, confians dans l'allure métho-
dique de ces animaux, les laissent cheminer
seuls, sans aucune inquiétude, et s'en trouvent
quelquefois séparés de deux grandes lieues,
tout en fumant leur cigare.

Plus près, et dans les anfractuosités de deux

rochers noircis par le pinceau des siècles , dé-
file un autre convoi de CAROUCOS navarrais
ou catalans; charretiers qui conduisent parfois
cent cinquante, deux cents petites voitures at-
telées de deux bœufs, chargées de sel , de grains
ou d'huiles, dont les roues sont pleines, c'est-
à-dire sans rayons évidés : ces roues, mal ou
point graissées à l'essieu qui est en bois , pro-
duisent un bruit criard et continuel, tel que le
cri de la machine de Marly , à un tel point que
les montagnes retentissent du tapage de ce
singulier orchestre, et que plus d'un voyageur
a éprouvé, de loin, quelque effroi d'un bruit
dont il ne pouvait deviner la cause. Los CA-
ROUCOS, simples en leur air , innocens dans
leur physionomie comme dans leurs regards,
offrent, au premier coup d'œil, l'homme dans
sa pureté primitive, si ce n'est toutefois qu'ici
une teinte sauvage se mêle à ce doux aspect.
Leur costume, d'ailleurs, ne contribue pas
peu à confirmer mon assertion. Chaussés d'é-
normes sabots, qui ont double talon devant et
derrière , portant de larges culottes, un vaste
chapeau rond à la *Bazile*, puis un petit manteaux en pailles qui sont étagées de manière à
ce que la pluie coule dessus comme sur la

tuile, vous ne pouvez manquer d'être frappé à la vue de ces singuliers personnages, qui ressembleraient assez aux habitans des Landes si leur usage n'était de se faire couper les cheveux de très-près. Munis d'une longue perche armée d'un aiguillon, ils en piquent leurs bœufs pour hâter leur marche, et cheminent ainsi en grand nombre d'un air flegmatique, insensibles à la lenteur de leur convoi ; que dis-je ? ils sont tellement habitués à cette bruyante musique, que quand un *carouco*, absent pendant quelque temps de son hameau, revient à entendre le concert qui l'a, en quelque sorte, bercé, ses pleurs, provoqués par la joie, coulent en abondance. *Los caroucos* se plaisent à composer des *tonadillas* ou couplets sur le cri de leurs roues, et ce mélodieux orchestre sert d'accompagnement à ces Tyrtées ambulans, indolens et mélancoliques. Joignez, lecteurs, à ces premières esquisses, une *recua de bouros* (convoi d'ânes), chargés de peaux de bouc remplies de vins, un mulet à *deux fauteuils*, qu'occupent gravement un moine et un capitaine de hussards, et qu'un Espagnol conduit à pied ; une quantité de chèvres qui semble pendre aux rochers, et vous aurez le tableau le plus pittoresque de la nature.

J'aperçois un peu tard que j'ai peut être dé-
passé les bornes de cet article; mais avant de
descendre dans les villes j'ai cru convenable
de familiariser le lecteur avec les premières
localités qui s'offrent à l'observateur.

DEUXIÈME RÉMINISCENCE.

Le présent acquiert des charmes du souvenir.

RIVAROL.

DES premières localités que j'ai décrites, sous le rapport seul des surfaces, telles que les aspérités, l'élévation prodigieuse des Pyrénées, l'aspect bizarre et sauvage des *arrieros*, des *caroucos*, la petitesse des villages et même des villes, écrasées par le voisinage de colosses informes, de rochers découpés en arches suspendues, semblables à l'épée de Damoclès, menaçant à chaque instant de les pulvériser par leur chute, passons en Biscaye, en Catalogne, en Arragon, au royaume de Valence, et sans nous régler, à cet égard, sur M. BOURGOING, dans son *Espagne moderne*, qui, parti de Bayonne, ne s'arrête qu'à Madrid pour reprendre ensuite les provinces en sous-œuvre, procédons avec plus de méthode, et n'imitons, s'il se peut, que la finesse de ses aperçus ainsi que l'impartialité de ses jugemens.

Irun est le premier village espagnol de l'autre côté de la *Bidassoa* : cette rivière, qui sert de limite, est devenue fameuse dans l'histoire de Louis XIV, par l'île qu'elle forme très-près et à droite de l'endroit où on la passe. Elle se nommait l'*Ile des Faisans*. L'entrevue du cardinal Mazarin et de don Louis de Haro, dont elle fut le théâtre, et dont le résultat fut la signature de la paix des Pyrénées, lui fit donner le nom d'*Ile de la Conférence*. Petite, inhabitée, et presque entièrement stérile, elle n'a dû sa renommée, comme tant de personnes médiocres qui font du bruit dans le monde, qu'à une heureuse circonstance, et la première exclamation du voyageur en l'apercevant, manque rarement d'être exprimée ainsi ; *Comment, ce n'est que ça?*

La Biscaye, la première province qui se présente, et dont *Bilbao* est la capitale, semble une vaste prolongation de montagnes jusqu'aux bornes de la Castille. Quel art! quels efforts l'homme n'a-t-il pas dû employer pour y tracer des routes! On se demande bientôt si ce sont des dieux qui ont broyé ces rochers. Tantôt il a fallu adoucir des pentes trop rapides ; tantôt tourner avec adresse des croupes escarpées. Un corps d'armée aperçu à la base de ces rochers en spirale, certes, est loin de jouer un aussi beau rôle que dans les colonnes pompeuses d'une gazette : il semble que là, Dieu même ait voulu montrer à l'homme, plus que partout ailleurs, le néant des plus brillantes folies belliqueuses.

Le Biscayen est généralement plus gai que le Castillan, dont on estime d'ailleurs les vertus ; mais ce dernier me semble porter sur sa physionomie austère le cachet de l'ennui et de la taciturnité de ses plaines sans arbres et sans ombres... La teinte de ses rochers silencieux se réfléchit aussi sur son front. En Biscaye, c'est une autre figure : *liberté*, *gaîté*, *hospitalité*, voilà les sentimens que respirent les visages ; ce peuple paraît sentir son bonheur et vouloir le faire partager à ceux qui en sont témoins.

De Saint-Sébastien pour aller au Passage, port de mer, on côtoie l'Océan ; puis, se présente un golfe. Alors, un essaim de jeunes Biscayennes, fraîches comme les roses, l'aviron en main, font rapidement courir la barque sur les flots ; leur joli minois n'est pas le moindre écueil pour la sagesse du navigateur.

2

Si les Biscayens offrent un gracieux tableau à l'homme sensible, le *Catalan*, le *Navarrais*, vont bientôt désenchanter ces aimables impressions ; c'est dans ces peuples, qui ne parlent même pas la langue du souverain, qui ont un patois souvent inintelligible, que l'on retrouve toute l'âpreté reconnue du caractère des hommes de la Péninsule. Nez aquilain, favoris noirs et épais, chevelure roide et touffue, œil ardent, poitrine large, jambe superbe et nerveuse, force de lion, et trop souvent cruauté de tigre !... Tel est le Catalan, qui, à son teint cuivré, à ses veines vertes et saillantes sur ses muscles, ferait croire que c'est du salpêtre, du bitume et du soufre qui y promènent leurs élémens volcaniques.

De cette race d'hommes fiers et courageux, sortent les *miquelets*, milice à la fois théâtrale et guerrière. En temps de paix, les *miquelets* servent d'escorte aux berlines, aux riches équipages, et quoique chargés d'armes pesantes, franchissent lestement un fossé de douze pieds. Leur costume est très-curieux : le piquant *chambergo* sur le coin de l'œil (chapeau à bord très-court en forme d'assiette à soupe), noué sous le menton par deux rubans noirs et moirés ; la *redecilla*, ou filet de soie à la *Figa-*

ro, contenant leur épaisse chevelure ; la veste de drap couleur café, chargée aux manches, aux épaules, d'une quantité de petits boutons d'argent, travaillés à jour ; chaussés d'*alpargatas*, sorte de cothurnes légers ; portant sur l'épaule un *trabucco* (ou espingole), dans la gueule duquel ils jettent vingt balles de calibre ; de la poudre... de quoi soutenir un siége, puis des poignards, des couteaux, des scies, des pistolets... Le miquelet enfin est un arsenal ambulant qui colporte au sein des rochers son audace, sa philosophie belliqueuse et ses poésies lyriques improvisées.

En temps de paix, ils se battent contre les voleurs de grand chemin (*salteadores*), si nombreux dans la Péninsule. Comment ne connaîtraient-ils pas leurs ruses ? beaucoup d'entre eux ont cueilli les lauriers ignominieux du brigandage, et ne laissent pas de montrer à la dînée, aux voyageurs qu'ils escortent, les blessures qu'ils ont reçues, même dans *l'affaire de telle et telle berline*. A cette dînée, ils chantent des *tonadillas*, rimes légères dans lesquelles ils encadrent vos noms de quelques louanges ingénieuses, après les avoir appris de vos domestiques. D'ailleurs, la guitare, les castagnettes, joyeux instrumens légués par les Maures lors de leur expulsion , ne sont-ils pas toujours là pour égayer la scène ? Car, de même que vous pouvez parier que vous trouverez dans la poche d'un Allemand une pipe; dans celle de l'Italien un stylet; dans celle d'un Turc de l'opium ; quelques chansons grivoises dans celle d'un Français; de même aussi l'Espagnol ne manque jamais d'être muni de ses castagnettes : c'est pour toutes les danses, pour toutes les fêtes, une sorte de *triangle* éclatant qui, par son cliquetis pressé, appelle le plaisir, chasse la monotonie, et sert d'orchestre électrique à toutes les voluptés de l'immortel *fandango*.

Les *miquelets* sont pour une armée les plus curieux acteurs du théâtre de la guerre. Ces *bédouins* nomades et méridionaux, n'ayant d'autre patrie que le sol ensanglanté où ils se battent, d'autre tente pour camper que le rocher qui se courbe en demi-voûte sur leurs têtes, d'autres parfums que l'ail et le cigare qui, fort souvent, *pour vingt-quatre heures*, composent leur unique et stoïque repas, défient au combat les guerriers. *Caveza por caveza......* (homme pour homme), crient-ils aux avant-postes en éclaireurs sur la cime des rochers, ils offrent l'aspect le plus pittoresque. Ils manœuvrent toujours en partisans. Jamais un Catalan ne boit dans un verre; il prend la bouteille, la penche en l'air, et la vide ainsi (tenant la bouche ouverte) dans son gosier, et cela d'un seul trait. J'ai vu des miquelets engloutir de la sorte jusqu'à trois bouteilles de vin de Val-de-Pegnas.

Féroce dans la victoire, l'Espagnol torture son prisonnier; et l'innocence même a beau se défendre, il enveloppe aveuglement dans ses vengeances l'âge, le sexe et la beauté. Vous, qui allez parcourir ces brûlantes contrées, redoutez même les embûches d'un rendez-vous d'amour; un poignard est souvent caché sous les fleurs du plaisir. Dans les guerres de Napoléon, l'ordre avait été donné de démolir toute maison où un militaire aurait été assassiné par sa maîtresse... Combien de maisons furent rasées!

Mais il est temps de nous borner; l'esquisse de Barcelonne terminera cette réminiscence.

ESQUISSE DE BARCELONNE.

Flore et Pomone semblent être accourues exprès, la première des sites parfumés de l'Italie, la seconde des climats féconds de l'Amérique, pour vider leur corbeille dans les sites enchauteurs de Barcelonne. Rien de plus riant, de plus animé, de plus riche que les approches de cette capitale de la Catalogne. Là l'orange, l'olivier, le limon, la vigne, le citronier croissent en pleine terre, et réalisent aux yeux de l'observateur ces rêveries, ces peintures délicieuses que Milton fait du séjour d'Eden dans son *Paradis perdu*.

Ainsi, après le terrible passage des Pyrénées, le voyageur *exhumé de son cercueil aérien de neige*, après avoir entendu siffler les tempêtes d'une région *sur*-atmosphérique, sent toutes ses facultés renaître à la suavité des parfums végétaux, des plantes aromatiques, à l'encens des *pommes d'or* qui viennent consoler et ranimer ses sens engourdis, en le plaçant en quelque sorte au milieu des cassolettes et de tous les baumes de la fastueuse Asie. Son port, sur la Méditerrannée, ne laisse pas de contribuer beaucoup à son embellissement, et lorsque les zéphirs agitent en mer les pavillons bariolés d'une quantité de vaisseaux de toutes les nations, lorsque cette forêt de mats mobiles suit agitée, les ondulations des flots, l'imagination ne peut concevoir un plus beau spectacle. Ce port est formé par une sorte de baie placée entre la citadelle du *Montjouy*, la ville et *Barcelonnette*, petite ville moderne bâtie par le marquis de la Mina, ancien gouverneur de la Catalogne, et qui a un tombeau dans l'une de ses églises. C'est dans ce quartier qu'on admire avec raison de superbes édifices, la *Douane*, la *Longa*, école de dessin, une autre de commerce, le palais du capitaine-général. On y compte quatre-vingt-deux églises, vingt-sept couvens d'hommes, vingt-huit de filles et plusieurs congrégations. En 1787, la population de Barcelonne s'élevait à 111,400 âmes; mais le fléau de la peste a dû porter quelqu'atteinte. On peut considérer cette ville comme la *Marseille* de la Péninsule; même identité d'infortunes historiques sous le rapport des maladies contagieuses; mais quels beaux paysages! quelle culture variée à tous les horizons! Il est vrai que le climat est brûlant, ce qui fit dire à Florian : « *que la terre y bouillonnait d'abondance.* »

La garnison, même en temps de paix, est très-nombreuse. Sous le rapport des sciences, la ville est encore enrichie d'un cabinet d'histoire naturelle, dont *Tournefort* faisait le plus grand cas, d'un amphithéâtre d'anatomie, de ques bibliothèques et corps littéraires.

Sous le point de vue militaire, cette place

est aussi très-importante. On se rappelle la longue résistance qu'elle opposa, en 1724, au maréchal de Berwick, et l'intérêt que Philippe V attachait à sa conquête; elle doit sa force à la vaste citadelle qui la défend du côté de l'Orient, et au *Montjouy* qui la domine et la protége du côté de l'Occident. Barcelonne doit principalement sa splendeur à son industrie et à la quantité de ses fabriques d'indiennes, de toiles peintes, de dentelles, de rubans, de fil en soie, et d'étoffes de diverses espèces.

TROISIÈME RÉMINISCENCE.

Un bandeau sur les yeux, la Fortune effrénée
 Des mortels ici bas conduit la destinée;
L'amour ou les combats, voluptés ou tourmens.
 Politique, journaux, auteurs, guerriers, rubans...
Tout, de ces vains hochets, suit le joug qu'elle impose,.
Hélas ! si de la Paix, la Guerre elle dispose,
 Qu'elle soit notre guide, et dans tous nos tableaux,
Nous aide, dans l'Espagne, à trouver des *Châteaux*,
Mais non de ces stylets, de ces poignards perfides
Que portent en secret de sombres homicides.

POIGNARDS, MANTEAUX, CHAPEAUX.

Autrefois les assassinats étaient très-communs en Espagne; tout homme qui jouait un rôle dans son canton avait des assassins à ses gages. On les louait dans le royaume de Valence, comme on prétend qu'on louait, il n'y a pas long-temps, des témoins dans quelques-unes de nos provinces. Cet usage affreux tenait surtout à l'espèce d'arme dont on était muni.

C'était un poignard *triangulaire* qui caché sous le manteau, en sortait pour servir le premier accès de ressentiment, et dont les coups étaient bien plus dangereux que ceux de l'épée, qu'on ne peut employer à la dérobée, et dont le maniement demande quelque dextérité, plus dangereux même que le poignard ordinaire connu sous le nom de *rejon*. L'usage de ces armes perfides n'est pas encore entièrement aboli, et justifie, en partie, une des inculpations dont on continue à noircir les Espagnols ainsi que les Italiens. Mais l'on n'ignore pas combien il est difficile de corriger les mœurs d'un peuple, et même ses manières, par des moyens violens et subits. Sous les yeux de Charles III, le ministre *Squilaci* en fit la fâcheuse expérience; les longs manteaux couleur chocolat (*capas*), et les chapeaux rabattus (*sombreros chambargos*), costume sous lequel on a quelquefois peine à reconnaître son meilleur ami, favorisent beaucoup de désordres; ces sombres draperies *anonymes*, complices du meurtre dont elles protégent l'impunité, devraient être prohibées, sous la surveillance d'une police correctionnelle qui, pour premier article de ses injonctions, obligerait l'Espagnol à se montrer à visage découvert.

En conséquence, le ministre Squilaci, pour proscrire de Madrid ces abus, recourut maladroitement à des lois coercitives, et même à des *voies de fait*, sans attendre plus prudemment que les lumières d'une saine philosophie opérassent des changemens qu'on ne pouvait espérer que de la douceur. Ses satellites, apostés dans les carrefours, et pourvus de ciseaux, rognaient publiquement les manteaux qui dépassaient la longueur prescrite. Squilaci, en cela, crut qu'il trouverait les Castillans aussi dociles que Pierre-le-Grand avait trouvé les Russes. Qu'arriva-t-il?... le peuple se mutina. Le roi eut quelque appréhension : le ministre, trop brusque dans sa *législation des manteaux* et son *chapitre des chapeaux*, fut sacrifié.

Quant à l'usage du fatal poignard, il subsiste encore dans une grande partie de l'Espagne : beaucoup d'Espagnols de la Vieille-Castille portent cette arme perfide dans une gaîne pratiquée dans l'intérieur d'une de leurs bottes, ou bien sur leur poitrine ; et (contraste inintelligible des idées incohérentes de l'homme !) près du fer assassin, sont les images révérées de la Vierge *del Pilar*, le sacré *Scapulario*, des symboles de religion qu'on ne manque d'ailleurs jamais de trouver sur la poitrine des plus infâmes brigands. Les nymphes mêmes de la galanterie présentent à l'observateur cette contradiction inouïe entre les devoirs de chasteté qu'impose la véritable religion, et les égaremens de la prostitution.

Les FEMMES DE VALENCE, qui, d'après le sobriquet qui leur est appliqué dans toute la Péninsule, ont *l'alma atravesada* (l'âme endiablée), portent presque toutes un poignard passé dans une de leurs jarretières; cet acier criminel a plus d'une fois fait couler le sang de l'amour, le sang d'une rivale; on peut dire que c'est l'*éventail* de ces dames, et qu'elles en portent des coups sanglans, avec autant de facilité, que nos aimables Françaises donneraient, en badinant, des petits coups d'éventail sur les doigts d'un amant, trop libre en ses discours, ou trop audacieux dans ses entreprises.

DE L'EBRE.

Le fleuve de l'Èbre, qui a son embouchure près de *San-Carlos*, et des *Alfaques*, dans la Méditerranée, a quelques belles villes sur ses rives ; mais non loin de *Perellos*, de *Cambrils*, de *Tortosa* et *Serrafina*, sont des galeries de rochers énormes, creux dans beaucoup de par-

ties, où des bandes de BRIGANDS COSMOPO-
LITES, auxquels je consacrerai, d'ailleurs, un
article distinct, font leur criminel séjour, si
dangereux pour les voyageurs. Près de *Serrafina*, on aperçoit *Tarragone*, colonie des
Scipions ; la mer baigne ses murailles, et l'on
peut ajouter que le sang français, en 1810,
ne les a que trop arrosées. Le siége qu'en
fit le maréchal Suchet, coûta 15,000 hommes ; la ville fut emportée d'assaut, et la garnison, ainsi que les habitans, furent passés
au fil de l'épée. L'âge, le sexe, la beauté, ne
trouvèrent pas grâce devant des vainqueurs
furieux d'avoir appris que les Tarragonais
avaient fait périr, enchaînés sur la place pu-
blique, *aux ardeurs du soleil*, deux cents prisonniers français que le sort des armes avait
fait tomber entre leurs mains.

ÉVÉNEMENT TRAGIQUE ARRIVÉ DANS LES MONTAGNES INFERNALES DE LA GALICE.

Dix-sept Français massacrés.

Les horreurs du siége de Tarragone peuvent
être placées sur la même ligne que le trait
épouvantable et réel que je vais raconter.

Un jeune chirurgien s'égare avec un colonel

de hussards et ses ordonnances ; et tous deux , perdent de vue le convoi dont ils faisaient partie. D'abord , ils marchent à l'aventure à travers les rochers ; bientôt ils aperçoivent le clocher d'un petit hameau dont la flèche brillait au sein des montagnes : l'espoir d'y trouver un poste de français les porte à s'y rendre ; ce village était désert, pillé, abandonné, et présentait toutes les horreurs de la solitude et des désastres de la guerre. Malgré ce spectacle de ruines, le jeune chirurgien, donnant son cheval à tenir à une des ordonnances du colonel, s'enhardit à pénétrer dans une de ces chétives maisons désertes et même presque dans les caves.... mais quel est son effroi, sa surprise, son épouvante, en découvrant, dans ces mêmes caves, une affreuse morgue de cadavres sanglans !... en comptant dix-sept Français, massacrés, égorgés de la veille, du jour même peut-être, baignés dans les flots de sang, mutilés dans les parties où les assassins avaient oublié de se ressouvenir *que du moins ils étaient hommes* !!!

Tous ses sens tressaillent, tout son poil se hérisse à ce spectacle affreux, à la vue de ce sépulchre de dix-sept braves, qui, sans doute, avaient été victimes d'une perfide embûche :

à la variété de leurs uniformes, car dans cet amas de corps entassés, il remarqua des dolmans, des casques, des cuirasses, des schakos des habits de grenadiers et d'artilleurs, il se convainquit que ce ne pouvait être qu'un détachement de divers militaires isolés, qui avaient dû succomber sous le nombre. Ne pouvant plus soutenir un tel tableau, et renonçant à l'idée de trouver quelques peaux de bouc remplies de vin, notre jeune chirurgien allait se retirer, l'âme remplie d'un douloureux effroi, quand tout-à-coup s'élance d'un vaste foudre une tête pâle, livide, toute ruisselante des flots d'une liqueur purpurine semblable à celle du sang... « Ah ! mon cher officier, s'écria l'in-
» fortuné hussard, qui avait trouvé son salut
» en se cachant, au risque de se noyer, dans
» ce foudre rempli de vin, quel ange vous en-
» voie ici, pour être mon libérateur ? »

Le chirurgien, plus confondu que jamais, l'aide à sortir, tout trempé qu'il était, et apprend de lui, en remontant ensemble l'escalier de cette horrible cave, que la bande de l'*Empecinado* les avait tous enveloppés et massacrés impitoyablement ; que lui seul, dans le tumulte de cette boucherie, avait conservé encore quelque présence d'esprit, et avait su échapper à la mort au moyen de l'asile singulier qu'il venait de voir.

A retour au détachement du chirurgien et du nouveau et singulier *revenant*, le colonel éprouva une égale surprise, et, pour venger la mort des *dix-sept braves*, il fit mettre le feu aux quatre coins du hameau... Mais les flammes commençaient à peine à pétiller, qu'aussitôt sortent furieux, pleins de rage, trente à quarante *miquelets*, qui, au milieu de mille imprécations, mille cris sauvages, font, sur notre petite caravane, heureusement déjà un peu éloignée, une décharge terrible de *trabuccos*..,

Aucun Français ne fut atteint; mais si, par fatalité, ils avaient débridé leurs chevaux pour les faire manger, s'ils étaient entrés dans quelque maison pour s'y rafraichir, les infortunés eussent rejoint promptement, sous le fer et le feu, les mânes des DIX-SEPT VICTIMES!

AINSI, DE LA PRUDENCE, DE LA VIGILANCE !!!

QUATRIÈME RÉMINISCENCE.

Parallèle entre la paix et la guerre d'Espagne.

TABLEAU DE LA PAIX.

Aux beaux jours de la PAIX, quand, assis sous l'ombrage,
Rêvant au *Camoëns*, près des rives du Tage,
On peut, loin de la GUERRE, abandonner aux flots
Ses pensers fugitifs, enfans d'un doux repos,
Que la nature est belle en ces riches vallées !
Que j'aime du Tormès les rives émaillées !
  Là, je vois Astorga, que *Gil-Blas*, en prison,
Par ses plaisans débuts associe à son nom :
Sur ce tapis champêtre, au son des castagnettes,
Est un folâtre essaim, où de jeune fillettes,
Les *panderos* (1) en main, ignorant les combats,
Du soleil de juillet colorent leurs appas.
  Don Quichotte, plus loin, près de l'Andalousie,
Fait naître le sourire, et j'aime sa folie.
A Burgos est le *Cid*, *Annibal*, plus fameux...
J'ai salué vos traits, ô guerriers valeureux !

---

(1) Petits tambours de basque, chargés de grelots et de rubans.

Là, Madrid se découvre, et son architecture
Offre aux regards l'aspect d'une sainte clôture.
  L'Espagnole coquette a d'un voile pieux
Avec art, tempéré l'éclat de ses beaux yeux.
— Prenons place au théâtre: ah ! quelle danse exquise !
Ce piquant *fandango* me charme et m'électrise ;
Et la guitare aussi, fidèle à son berceau,
Réunit sous ses jeux la ville et le hameau...

TABLEAU DE LA GUERRE.

  Mais l'airain retentit... l'écho de la montagne
A répandu la crainte au sein de la campagne ;
Tout fuit, bergers, moutons, doux son du chalumeau !..
Au rossignol charmant succède le corbeau,
Qui, d'un bec acéré, d'une sanglante serre,
Convive des cercueils, précurseur de la guerre,
Des lambeaux du trépas fait un affreux festin,
Et s'enivre à longs traits du sang du genre humain...
De son sinistre aspect les bosquets se brunissent ;
De son plumage en deuil les roses se noircissent !...
  Adieu, bonheur, adieu !... ce gazon moëlleux
Que des pieds si mignons pressèrent dans leurs jeux,
Fanés par les chevaux d'une troupe guerrière,
Autrefois des amours la couche printannière,
Désormais tout souillé de fange et de débris,
Voit croître des cyprès à la place des lis.
La tombe toujours pleine, et sans cesse *béante*,
Engloutit le vieillard, l'amant et son amante.

Ce clocher pastoral, d'un boulet traversé
Sent déchirer son flanc, par le choc renversé.
Le temple profané n'est plus qu'une écurie ;
Le fleuve est en courroux des horreurs qu'il charie !...
Le deuil sur tous les fronts !.., à la ville, au hameau
Le désespoir aiguise un perfide couteau...
Et l'amour fanatique, au sein de ses tendresses,
Assassine l'objet de ses fausses caresses !!!...

CINQUIÈME RÉMINISCENCE.

Tactique des Guérillas et des Miquelets.

> Chaque peuple connait par instinct ses avantages physiques, ses forces locales ; le rocher est donc pour le guérillas , pour le miquelet, ce que les haies, les fossés sont pour le Vendéen, le désert pour l'Arabe , les glaces pour le Baskir, et la plaine pour le Français.
>
> B. D.

LA lutte sanglante que Bellone vient de faire naître sur un des théâtres les plus pittoresques de l'Europe , ne peut manquer de fixer particulièrement tous les regards sur deux *troupes distinctes* , je veux dire les GUÉRILLAS et les MIQUELETS. J'ai déjà donné, il est vrai, une légère esquisse de ces derniers, cependant je les crois dignes, ainsi que les *guérillas* , d'un article plus développé, et c'est dans ce sentiment que je vais leur consacrer plus minutieusement mes *souvenirs* et mes pinceaux.

GUÉRILLAS.

Interrogeons ce mot : on ne peut le traduire que de cette sorte : PETITES TROUPES GUERRIÈRES ; il faut nécessairement faire une périphrase. Bonaparte envahit l'Espagne, y répand les proclamations les plus pompeuses ; au lieu du bonheur promis, le Castillan est subjugué, trahi, les vierges sont déshonorées, les propriétés violées.... La vengeance alors met les armes à la main du frère, qui veut laver, dans le sang de son ennemi, l'outrage fait à la vertu de sa sœur ; l'époux égorge le meurtrier de son épouse sur son tombeau, et lui offre en holocauste les vapeurs du sang de sa victime ; le père, plein du désespoir que lui a causé le déshonneur de sa fille, éprouve le même degré de ressentiment ; il faut, à ses fureurs vengeresses, le sang d'une autre victime, et il l'épie à l'ombre sépulcrale des rochers, des cavernes, armé de ses poignards *indigènes* !!..

Affreux effets de semblables représailles !.... le soldat le plus vertueux a donc payé de sa vie innocente, les forfaits d'un soldat sans frein !...

En vain *Napoléon* prétendit épouvanter

ce peuple stoïque par l'appareil des supplices, *Murat*, par ses fusillades expiatoires aux *murailles funèbres* du *Prado*... le vainqueur de Friedland, dis-je, a beau flétrir ses lauriers, en faisant dresser *quatre potences*, rougies de sang navarrois, aux quatre portes de Valladolid... Exemple inutile! remède plus terrible encore que le mal! Ces quatre nouvelles victimes ont bientôt des vengeurs, qui, comme l'hydre de Lerne, se multiplient dans les retraites impénétrables des montagnes; le contumace de toutes les nations, le transfuge, le Calabrais, le Napolitain, le banqueroutier criminel, échappé au carcan de son pays, le galérien, qui a rompu sa chaîne, souillé des stygmates de Thémis, alimentent ces bandes, pour lesquelles la caverne est un univers, et le *trabucco* un Lycurgue. Le crime, là, se cache donc sous le manteau d'un appareil guerrier; et, sous les couleurs de l'esprit de parti, de la veangeance et de la politique, continue de braver toutes les lois divines et humaines avec une noble apparence d'héroïsme et d'amour de la patrie.

Telles furent les causes qui formèrent les premiers noyaux des *guérillas*, tels furent les abus monstrueux, les personnages infâmes qui s'y glissèrent, ce qui, d'ailleurs, ne pouvait manquer d'arriver dans une nation saccagée, harcelée par des légions, sans doute brillantes de lauriers, mais agissant ici dans une entreprise inique; dans une nation, où la vengeance étincellante de poignards, et ivre de sang, recrutait jusque dans les bagnes!... où le beau sexe même se faisait homme à Saragosse, à Tarragone, pour laver dans le sang l'injure nationale : on conçoit facilement que, dans ces grandes circonstances électriques et d'effervescence générale, toute cette nation n'est bientôt plus, d'action et de sentiment, qu'un vaste nid souterrain de serpens tortueux, qui, sur les routes, les chaussées, ou la traverse, en tous lieux, à toute heure du jour, de la nuit, guètent leur proie et la dévorent, quand le sommeil, quand quelqu'oubli, ou l'opportunité du terrain favorisent les irruptions. Hélas! l'équité, la douceur et la raison, placées en égides tutélaires à nos avant-gardes, et les *guérillas* n'eussent existé jamais!...

Sacrilèges lauriers, et perfide victoire
D'un Corse trop illustre en belliqueux forfaits!...
Vous mîtes au tombeau CINQ CENT MILLE FRANÇAIS,
Dont le sang précieux fut perdu pour leur gloire!...

Lorsque j'entrai, en 1808, dans la Biscaye, les branches des arbres, le long des routes, étaient souillés par les *placards* de quelque tête, de quelques membres livides, épouvantables, qui y étaient attachés avec les liens d'une paille fangeuse. Ces *phares* ignominieux étaient des débris, des quartiers de suppliciés, prétendus rebelles, qu'une Thémis, sans doute beaucoup trop expéditive, avait envoyés à l'opprobre et à la mort... Toute la péninsule, soulevée à ces tableaux d'horreur, espéra alors la victoire et nos revers dans la justice de sa cause; et les femmes mêmes, devenues soudain d'intrépides amazones, puisèrent une audace virile dans les excès des oppresseurs. Telle la *Jeanne d'Arc* de l'Estramadure, la célèbre COLLÉGIALA, qui se vantait d'avoir tué dix Français de sa propre main !...

D'abord les chefs des *guérillas*, ces petites troupes guerrières, ne furent que d'obscurs aventuriers, animés d'un stérile ressentiment, l'objet de la dérision et des mépris de nos généraux, ne méritant pas même d'être comparés, pour le péril, aux BANDES DE BRIGANDS, d'ailleurs, de tous temps indestructibles en Espagne : nos chefs d'état-major, nos aides-de-camp, d'un air de pitié et de dédain, badinaient avec leurs jolies hôtesses, sur ces escardrons sans pain, en haillons, errant à l'aventure à *l'instar* de don Quichotte, comme des Tartares nomades, sans uniformes, sans chefs et sans but, n'ayant pour étriers, pour brides *fastueuses* à leurs chevaux, que des cordes grossières, et souvent pour lance ridicule, la hallebarde d'un suisse d'église; mais le temps finit par remplir ces cadres insignifians; la soif du butin enrégimente, et le pillage heureux de cent convois surpris, cernés, brisés, procure des habits, des armes, de l'or tout fumans encore du sang de l'ennemi!... L'oncle de *Mina* voit-il sa femme massacrée sous ses yeux?... il s'empare aussitôt du couteau vengeur des guérillas (*el cuchillo de monté*), et, comme un tigre altéré de carnage, il ne trouve que trop de conscrits innocens, isolés, valétudinaires sous un soleil meurtrier, qui, d'un bras amolli par la chaleur, ne peuvent soulever leurs armes trop pesantes, tendent une gorge docile à ses coups furtifs, et portent, en versant leur sang fiévreux, la peine d'un forfait qui leur fut étranger!... Cet oncle de Mina tombe à son tour dans une embûche; il périt par la main du bourreau sur la place de Burgos; sa main droite, suivant la législation péninsu-

laire, est attachée au haut d'un mât de coca-
gne, au lieu où l'on présume qu'il a commis les
plus grands attentats contre les Français... —
sang encore répandu en vain !... Que dis-je !...
ce sang est ici de l'huile versée sur les flammes !..
Le neveu, le *Mina* d'aujourd'hui, sanguinaire
plus que l'oncle, prononce le serment, horrible en espagnol, de venger, selon lui, l'assassinat juridique de son parent, et dix convois fu-
sillés, culbutés, pillés, composent l'encens qui
brûle au pied de l'échafaud du premier *Mina* !..
Ainsi, tandis que la troupe de ce partisan, em-
busquée dans les gorges de Salinas, au pont de
Ségovie, décime nos troupes éparpillées, tantôt dans la Nouvelle-Castille, tantôt dans l'A-
ragon, la Biscaye et la Catalogne ; *don-Julian*,
el Empecinado (1), *el Ratone*, *el Cura*, *el
Pastor*, *el Frayle*, *el Cartouco*, augmentent
leurs bandes, que l'appât des trésors arrivés de

---

(1) *Empecinado* veut dire *empoissé* : un jour, dans son
enfance, ce chef fameux de guérillas tomba dans une
chaudière bouillante de poix, mais on put l'en retirer
assez promptement pour qu'il n'en mourût pas ; depuis
cette circonstance, le nom d'*empoissé* lui est resté : en
général les Espagnols sont dans l'usage de se donner des
sobriquets, surtout les femmes entre elles.

France, des brillans équipages des ordonna-
teurs, des fournisseurs, anime, que le succès
enhardit, que les berlines de nos élégantes françaises, pliant sous le poids des malles, élec-
trisent !....

Ainsi, ces Scythes méridionnaux, quoique
sans tentes, quoique sans direction des *cortès*
de l'île de Léon, se battant et manœuvrant
dans la sphère seule des intérêts de leur petite
république armée, ne prenant conseil que de
leurs capitaines, sans être jamais les partisans
d'un général en chef, qui tracerait leurs plans
de campagne, ne sont donc plus ces premières
bandes vagabondes, seules dépouilles du bourreau qui réclamerait leurs têtes : munis de sabres,
d'uniformes, de casques dérobés à l'ennemi,
montés sur de nerveux coursiers andaloux,
plus !... sur les plus belles mules, enlevées à
Madrid, dans les écuries mêmes de l'*ex* roi Jo-
seph, (que les satiriques madrilenaises nom-
maient, par dérision : *el rey Botella, (le roi
Bouteille.*) Ces bandes, dis-je, s'élèvent insensiblement de huit à dix mille hommes, pren-
nent une consistance politique, échangent des
cartels de prisonniers, des parlementaires,
traitent, presqu'à parité de droits, avec nos
maréchaux ; et maîtres, par le sort des armes,

d'un grand nombre de nos officiers supérieurs, suspendent l'exécution de leurs prisonniers, condamnés à mort dans nos conseils de guerre, sauvés ainsi par le contrepoids des nôtres.

Les chapeaux de ces *guérillas*, naguère en lambeaux, sont relevés avec élégance sur le côté, à la Henri IV, et ornés de plumages rouges flottans : leur costume uniforme devient de drap couleur raisin de Corynthe, à liserés rouges, la cocarde (*scarapella*), de taffetas rose, les épaulettes, en or pour les officiers, sont dessinées en griffes de lion ; les ceintures (*las fagas*), sont en soie tissue d'argent ; à cette ceinture, pend, avec coquetterie, une bourse de même étoffe, dans laquelle se met l'argent ; mais ce qui frappe particulièrement les regards de l'observateur, au premier aspect d'un *guérillas*, c'est la fameuse CANANA (cartouchère), qu'il fait glisser autour de sa ceinture qu'il cache derrière lui dans les sombres draperies de son manteau, puis la fait reparaître soudain, d'une seule volte, tel qu'un arsenal mobile, qui forme sa cuirasse tutélaire et formidable. Cette terrible poudrière contient plus de quatre-vingts cartouches de trabucco, de pistolets et de fusils ; des lames brillantes d'acier, armes blanches favorites, forment *la réserve* sur les

flancs de cette *canana*, c'est l'acier de prédi-
lection : on trouve toujours de ces *joujoux* dans
les vêtemens mystérieux d'un Espagnol; c'est
enfin l'arme des dernières ressources, des expéditions nocturnes, des coups de main épiso-
diques, c'est le fer national... le poignard !.. tel
qu'un serpent irrité, élancé d'une touffe de
joncs, agite sa crecelle effrayante, fait briller
son œil menaçant, de même le farouche *guérillas* faisait étinceler son couteau des montagnes;
la fameuse *navaga* !... Ce fut alors, la baïon-
nette qu'il mit toujours au bout de ses opinions
fanatiques et indomptables. Veut-il, par exemple, assassiner une vedette, une sentinelle,
pendant la profonde obscurité de la nuit?... il
se roule comme une boule dans son manteau,
son poignard à la main, s'approche ainsi du
factionnaire qu'il veut immoler; celui-ci, à son
tour, interroge l'objet, l'ombre qu'il entrevoit,
se baisse pour découvrir la cause de son inquiétude, mais à peine s'est-il courbé à terre,
qu'il reçoit, plus prompt que la foudre, un
coup mortel dans le sein...

Sentinelles, je vous avertis, prenez garde à
vous : cette brochure n'a pas qu'un but pure-
ment littéraire; dans ses narrations descripti-
ves, elle ne laisse pas d'indiquer le manége, le

caractère de l'ennemi, le moyen de se préserver de beaucoup de périls, de beaucoup d'é-
cueils, enfin, ne suffit-il pas que celui qui l'a
composée, soit Français, pour être convaincu
d'avance qu'il ne l'a écrite que dans l'intention
honorable d'être utile à nos braves armées,
heureuses dans leurs nouveaux exploits, de se
trouver sous les ordres d'un prince illustre dont
la bonté égale la valeur, les lumières et les ta-
lens.

Les drapeaux des *guérillas* sont ordinairement en taffetas rose, chargés de riches broderies en or et en paillettes, avec l'écusson des
armes d'Espagne, et d'autres symboles, tels
qu'un lion, une couronne, deux tours ou for-
teresses, le serpent de la conception, et pour
devise : *Vive le roi, la patrie et la religion.*
Toutefois, ces troupes changeaient souvent ces
légendes, par exemple, y substituaient ces
mots : *Vencer o morir : Nos defenderemos asta
la ultima gotta de sangre.*—D'ailleurs, les plus
jolies femmes se faisaient gloire d'avoir veillé
pour l'ouvrage de ces broderies ; la galanterie
et les fripons d'amour, qui se cachent jusque
dans le casque de Mars, n'avaient-ils pas aussi
dirigé en secret l'aiguille?.. Ainsi, les emblêmes
du patriotisme et de la valeur enlacés dans de ga-

lans carquois ne pouvaient manquer d'inspirer un nouvel enthousiasme, qu'un seul regard de la beauté rendait fanatique. Combien de *fagas* (écharpes), attachées par les mains d'une charmante Andalouse, ont dû mettre de Français au tombeau !.... A ces talismans, se joignaient l'aspect dramatique, théâtral, le commandement inspirateur d'un général religieux, d'un moine guerrier, qui, la croix d'une main, le sabre de l'autre, le premier au combat, le premier à l'autel, excitant sa troupe par des harangues mystiques, plaçait l'honneur et la patrie dans de pieux combats.

On peut avancer que la nation espagnole, en général, est *pomponienne*, aime à se *caparaçonner*, non seulement dans ses costumes des deux sexes, mais encore jusque dans les harnois de ses chevaux, de ses ânes, de ses mulets; grelots, clochettes, pompons, plaques de cuivre, broderies, rubans, étoffes de couleurs brillantes, ostentations physiques et morales, marche étudiée et cadencée.... on peut dire enfin que c'est le peuple le plus *théâtral* de l'Europe; aussi les chapeaux des guérillas étaient-ils chamarrés de rubans imprimés qui faisaient lire les sermens les plus terrribles. A cet égard, l'observateur se convainquait de suite jusqu'à quel degré d'énergie le climat brûlant de la péninsule influait sur ces esprits, et ces banderolles flottantes étaient bien l'image des flammes qui embrasaient leurs esprits vindicatifs.

ANECDOTE.

Nous surprîmes un jour, au milieu des gorges de la *Sierra-Morena*, deux *guérillas* endormis sous un rocher qui se courbait en voûte sur leur tête. Les premières clartés timides de l'astre de Diane éclairaient la figure de ces bizarres Endymions.... Quel tableau pour un peintre!.... Leurs armes reposaient inactives dans leurs mains homicides, et n'en paraissaient pas moins menaçantes. Sur leur poitrine en désordre brillait un *silvato* (sifflet en cristal), un *rosario* en grenats mêlés de pierres fines, puis l'impie stilet quadrangulaire.... que de sang français cet acier criminel avait déjà dû *boire* !!!

Moi, quelques gardes-magasin, officiers d'infanterie et cinq à six grenadiers, nous ne pouvions nous lasser de contempler cet étrange spectacle : quels membres musculeux! quelle puissance de vie même au sein du repos!...

Bientôt garottés, chargés de fers et mis sous

bonne escorte dans le centre de la colonne, leur œil était encore insolent et *prophétique* : « *Vous n'oserez attenter à nos jours! semblaient-ils nous dire : les hommes (los umbrés) sont près de nous.* » —Emprisonnés à notre arrivée dans un petit bourg, restés debout, le cigarre à la bouche, les bras croisés avec une sorte d'énergie concentrée, couverts des doubles ombres de la nuit et de leur cachot, le visage blanchi par les demi-teintes de l'astre nocturne, que ces *héros de caverne* avaient encore de pouvoir et de sombre majesté! Un fil mystérieux, un fil tutélaire tenu par les *guérillas* nombreux qui nous investissaient de toutes parts, comme un caducée magique, paraissait les préserver de nos trop justes représailles. En marche, liés et placés entre dix grenadiers, qui avaient ordre de les tuer au premier coup de *trabucco* qu'on entendrait partir de la cime des montagnes, ils paraissaient encore enchaîner toute la colonne sous le joug invisible de l'avenir....

Le *guérillas* est caméléon, est protée au dernier point : les chevriers, les bergers qui, sous les dehors de l'insouciance, font paître leurs troupeaux, leur servent d'espions, les avertissent par des coups de sifflet qui retentissent d'écho en écho jusqu'au fond des rochers. Il

4

connait même des trous, des fentes à travers lesquels il se glisse, et comme l'*hypneumone*, de son dard imperceptible, pénètre à travers le marbre le plus dur, il perce aussi les roches calcinées par le ciment de trente siècles. Lorsque des guérillas ont fait des prisonniers, ils les saignent à la gorge pour éviter le coup de feu qui trahirait leur retraite. Ce qui contribue, en général, à rendre l'Espagnol cruel, ce sont les *courses de taureaux*, où le sang des animaux et même des hommes fait les principaux frais du spectacle : « *C'est là*, me disait une fois un alcade, *qu'on coule en bronze les têtes fortes de la nation, tandis que vous, avec votre opéra, vous les faites fondre en mollesse.* » — Toute l'armée a connu l'infortune d'un pauvre courrier de la malle qui fut cloué dans sa voiture, et dont les guérillas firent un affreux *auto da-fé*.

Rentrés dans les villes, sous le voile impénétrable de leurs vastes manteaux, les guérillas boivent, rient et dansent avec les Français, mais ils ne laissent pas de s'informer de toutes les dispositions du départ d'un convoi de malades ou d'un trésor, de celui d'un courrier, d'un détachement, et, par une *stratégie* habile, réunis soudain, ils fondent sur le butin, sur l'ennemi, dont ils abandonnent les débris aux corbeaux, qui exhumaient nos pertes, malgré que nous nous empressassions de couvrir de terre nos immenses sacrifices. Le laboureur aussi a des armes cachées dans le soc de sa charrue; qu'on y regarde bien!.... Tel rocher qui vous semble immobile par son poids et sa forme colossale, a ses coulisses; il pivote même sur son axe et masque une batterie d'espingoles, qui vous ajuste avec toute l'assurance de l'impunité. Officiers en cantonnemens dans les villages, ayez bien soin d'y créneler l'église, de vous y établir militairement, c'est le seul moyen d'échapper aux *stratégies*, aux surprises nocturnes; et vous, convois en marche, ayez un triple rang d'éclaireurs sur vos flancs; plus encore, interrogez, fouillez le moindre buisson : quelquefois douze cents guérillas sont couchés à terre que vous ne vous en doutez même pas; puis à l'explosion d'un coup de pistolet, qui est le signal convenu et donné par leur chef, ils s'élancent en Arabes, massacrent tout, en *assaisonnant* leur charge imprévue de ce jurement qui est le véhicule énergique de toute entreprise castillane; je veux dire : ***Caraco de démonio***!!!

SIXIÈME ET DERNIÈRE RÉMINISCENCE.

Bandes de brigands en Espagne.

> Il n'est point de serpent, ni de monstre odieux,
> Qui par l'art imité, ne puisse plaire aux yeux.
> D'un pinceau délicat l'artifice agréable
> Du plus affreux objet fait un objet aimable.
>
> *Art Poétique.* — BOILEAU.

LE BRIGANDAGE, dans ces contrées, est une sorte de *profession* pour les malfaiteurs, pour les voleurs de grand chemin (*saltéadores dé camino*). Un faux héroïsme s'empare d'une jeune cervelle; des sophismes anti-sociaux achèvent de corrompre des principes légers, des aptitudes innées au crime; séduit par l'appareil d'une valeur vagabonde, par les prestiges d'une fausse célébrité, un mauvais sujet de collége, un contumace poursuivi par les sentences de son pays ou d'une nation voisine, trouvent naturellement très-commode de payer la loi avec la monnaie d'une espingole ; ajoutez à ces premières causes de séduction le tourment de dettes implacables, les suites d'un duel, d'un homicide, la complicité du climat, qui tend les fibres du cœur et de l'imagination au plus haut degré d'énergie, et aliène la probité ; l'avantage, pour un sophiste paresseux, de niveler les inégalités de la fortune avec l'*équerre* de son sabre, de forcer l'opulence à se trouver exacte au rendez-vous de son *trabucco ;* puis, le bruit des armes, l'honneur de commander à des *héros*, de faire le petit *Lycurgue de caverne*, le **Cromwell** de montagnes. Réfléchissez encore sur la quantité et la commodité des caches bâties en pierres de taille et sous terre, du temps des Maures, lorsque les Espagnols s'y dérobaient à leur usurpation.... En voilà bien assez, je pense, à une jeune tête sans expérience, ou encore à un homme mûri à l'ombre des forfaits, pour le déterminer à singer le *grand homme ;* et pour peu que ses sens soient captivés par des surfaces imposantes, tel qu'un riche costume, un chapeau à grand plumage, un superbe coursier, dont il surcharge la tête de pompons, de plaques de cuivre, dont il tresse la crinière avec des rubans tissus d'or et de soie (car, hommes, femmes et mulets, en général, dans cette nation *théâtrale* et pompeuse, aiment beaucoup à se *caparaçonner* comme des chevaux de sacre), et vous avez de suite le plus magnifique des CHEFS DE BRIGANDS.

Je ne prétends, toutefois, parler ici que du brigand de *circonstance* et *par séduction*, car cette classe est subdivisible à l'infini, comme je vais le démontrer dans des exemples successifs.

Pour ce premier personnage, la bande est une *troupe de guerriers*, qui balancent l'opprobre, l'iniquité de leurs attaques par les lauriers que cueillent leur intrépidité et leur courage. Ce sont autant de *Rolando* magnanimes, semblables à celui dont Gil-Blas devient le rusé échanson. L'échafaud, à leurs yeux, se dépouille de ce crêpe funèbre d'ignominie qui l'enveloppe pour la conscience d'un scélérat vulgaire. Finissent-ils par y monter?.. c'est avec la fermeté du soldat; et pour leurs illusions sacriléges, la potence est encore le poste de l'honneur. On les voit y marcher, fiers du cortége tumultueux de tout un peuple qui, sur son front émerveillé, porte le souvenir brûlant de tous leurs *exploits*; on se répète à voix basse les conversations mystérieuses que le *héros* a eues avec le gouverneur de la ville; plus ses forfaits sont nombreux, plus ils ont coûté de sang à la *Ronda*, plus il semble entouré, dans son tombereau ignominieux, de brillans trophées; on cite ses métamorphoses ingénieuses; si l'on ajoute foi aux croyances populaires, *il volait comme un aigle avec son cheval sur la pointe des rochers*; comme *Mandrin*, comme *Cartouche*, comme *Poulailler*, protée indomptable, il prenait soudain la forme d'un serpent, d'un lézard, même d'un crocodile volant, et se dérobait ainsi aux poursuites de la *Santa-Hermandad*.

Le fameux *Tchaffandine*, par exemple, a occupé pendant vingt-cinq ans toutes les trompettes de la renommée dans la péninsule. Physicien habile, voyant sa bande investie dans une province, il se fait un balon, et dans sa fuite aérienne, il confond d'étonnement tous les suppôts de Thémis; ce triomphe sur ses ennemis avait quelque chose de merveilleux, qui ne laissait pas de mêler à l'horreur de ses attentats une sorte d'admiration. Poussé par les vents favorables, et venant à passer dans son aérostat sur la ville de Madrid, il jette de sa nacelle une quantité de *pasquinés* (poésies satiriques), qui étaient autant de diatribes contre les alguazils maladroits, contre les alcades, les corrégidors, enfin contre tous les *argus* de la justice qu'il avait su endormir et confondre par ses coups magiques de théâtre. On m'a raconté, à Salamanque, qu'une fois étant instruit que cinquante archers de la *Ronda*, qui connaissaient sa caverne, par l'effet d'une délation, arrivaient pour le surprendre pendant la nuit, *Tchaffandine* alla lui-même au-devant d'eux, prit la place et les habits du batelier qui devait les passer sur son bac, puis les attirant dans une hôtellerie où il eut l'adresse de glisser une poudre soporifique dans leur vin, il s'empara, pendant leur sommeil, de leurs armes, de leurs chevaux et même de leurs uniformes. Cependant, cette tête, protégée par vingt-cinq ans de succès et d'impunité, tomba sur la place de *la Ceveda* (1), à Madrid, et quoique Tchaffandine eût offert *deux fois son poids en or*, somme immense, connue de lui seul, et qu'il avait cachée sous certain rocher des montagnes des Asturies, Thémis ne voulut pas condescendre à la honte d'une pareille composition.

Lorsqu'un CHEF DE BRIGANDS, d'une certaine volée, tourmente toute l'Espagne de ses

____

(1) Où l'on fait les exécutions.

coupables expéditions, le gouvernement fait répandre partout, et à profusion, son portrait; il est alors sur toutes les tabatières, et les *tertullas* (cercles) n'ont pas d'autre objet de conversation; mais souvent aussi ce même et *illustre* personnage se glisse dans la capitale même, et a l'audace de placarder sur les murs, au coin des rues, ses nouvelles bravades. Les couplets (*tonadillas*) courent sur son compte, et si ses crimes y sont maudits, sa brillante valeur ne laisse pas d'y recevoir des éloges, tant le courage a d'admirateurs fanatiques chez les Espagnols et surtout chez les femmes!!!

Avant de développer encore plus les diverses espèces de BRIGANDS dans la péninsule, le lecteur sera sans doute curieux de connaître quel est le supplice de ces homicides; il est épouvantable, et comme toutes les autres institutions législatives, il se ressent de l'âpreté des mœurs de ce peuple acerbe et sauvage. Après trois jours passés dans la *capilla* (chapelle), *el-reo* (le patient), qui a eu la latitude, après sa sentence lue, de former tous les désirs auxquels ses geôliers et la loi pouvaient décemment satisfaire, est conduit dans une espèce de tombereau attelé d'une mule qui a les oreilles et la queue coupées, afin, en cela, de se conformer à toute la livrée de l'opprobre du cortége. Un vieux *capuchino*, à longue barbe blanche, de l'ordre de Saint-François, est à ses côtés, ainsi que le bourreau, pour assister de ses pieuses exhortations le criminel qui, les pieds nus, est revêtu d'une robe de serge rouge. Quant au bourreau, vous remarquez à son chapeau une petite *échelle* d'argent, en signe de ses funestes fonctions : monté sur l'échelle de la potence, il est convenu qu'à un passage du *credo*, que le confesseur fait réciter au patient, le bourreau lui passera le fatal lacet..... Près de la potence est un amphithéâtre voilé de draperies noires, où les valets de l'exécuteur coupent par quartiers le corps du supplicié. Ces quartiers sont dispersés dans les lieux, où les crimes ont été commis, attachés à de hauts arbres dépouillés, livides, auxquels la végétation flétrie semble avoir refusé exprès un feuillage et des couleurs. Près de cet horrible spectacle sont les *frères de la miséricorde*, le visage voilé sous un masque de velours, couverts d'un long *domino* noir; une chapelle portative, éclairée de bougies, se trouve toute prête et disposée derrière eux; ces religieux sont là pour profiter de quelque singulière circonstance, par laquelle le patient pourrait être sauvé, comme cela est arrivé une fois que la corde de la potence se cassa ; car le bourreau, montant à califourchon sur les épaules du pendu, doit nécessairement produire, par ses secousses violentes, un poids énorme. Dans un cas semblable donc, ces *frères de la miséricorde* se précipitent avec avidité sur le criminel qui, ayant satisfait aux lois de la terre, n'appartient plus désormais qu'à Dieu et à leur ordre.

Quant à la tête du criminel, elle est ordinairement placée au-dessus de la porte d'entrée de la ville, dans une cage de fer éclairée par une petite lanterne, et la nuit, le voyageur est *égayé* par l'image de cette dépouille hideuse... Les petites maîtresses, en allant aux promenades, passent, avec insouciance, sous le joug de ces restes affreux, et j'ai remarqué plus d'un dessinateur, muni de ses pinceaux, copier cette autre tête de Méduse, qu'il mettait au rang des plus belles *académies*. La superstition est si forte chez ce peuple, que *tel clou* de tel *gibet* est un spécifique ou préservatif infaillible contre toute attaque de brigands.

Une autre espèce de ces *messieurs*, et incontestablement la plus dangereuse, loin de ressembler à nos premiers, qui souvent se piquent d'être respectueux envers la beauté captive, envers l'indigence, de ménager le sexe, et secourent même l'infortune, sont les vieux corsaires des côtes barbaresques, qui, las d'avoir écumé les mers pendant vingt ans, viennent reposer leurs vieilles et criminelles cicatrices sous les rochers de *Tamamés*, de *Samoïos*, ou du défilé terrible de *Salinas*. Leur aspect seul fait frémir. Point de pitié à attendre de ces incorrigibles scélérats, qui, souvent, ont les épaules chamarrées de tous les *stigmates* des bourreaux de l'Europe, avec un bon quart de l'alphabet de Thémis. Plus d'une fois le canon des ports a tiré à leur évasion des bagnes!.... les chaînes les plus pesantes sont pour eux des liens de fleurs avec lesquels ils franchiront un fossé de dix pieds. Le crime est stationnaire sur leur front impassible, et l'habitude du forfait en fait pour eux un état de raison. A ce qu'il paraît, le Turban est encore plus pillard que le *Chambergo* castillan. Législateurs *à leur profit*, ils épient leur proie sur la cime des montagnes, derrière l'épaulement d'un énorme rocher, attaquent les berlines, se déguisent en négocians de la Catalogne, se mêlent dans les foires, détroussent les voyageurs, les marchands, pillent, violent et tuent, puis gorgés d'or, de sang et de dépouilles, ils opèrent une retraite nocturne dans leur repaire, où, tranquilles ravisseurs de quelque jeune beauté villageoise, petits visirs de caverne, ils se composent un sérail, alimentent une table abondante, à l'abri de toutes les polices du royaume.

Parmi ces singuliers *redresseurs* des torts de la fortune, qui obvient, le pistolet sur la gorge, aux injustices de son bandeau et aux meurtrissures de sa roue, l'on remarque des *Calabrois*, des *Napolitains*, la perle des brigands pour la figure. Un feu *vésuvien* brille dans leurs prunelles rouges et sanglantes, à travers les *nids* de vieux crimes que l'on entrevoit dans les plis de leurs rides. Leurs apophises sont saillantes, énergiques; leur teint a la couleur de la lave; leur barbe est épaisse et ténébreuse comme leurs longues moustaches. Dans l'obscurité d'une nuit profonde, quelquefois ils seront trahis par l'émail de leurs dents, par leurs yeux, leurs poignards qui étincellent. Les *miquelets* les connaissent bien; plus d'un a fait une campagne à leur quartier-général.

Un chef de brigand est-il trop harcelé dans une province?.. il la quitte, comme a fait souvent le fameux *Boca-Négra* passe en Galice, ou dans l'Andalousie sous le costume d'un riche étranger, y donne rendez-vous à sa bande, et

cueille, sous de nouveaux rochers impénétrables, des lauriers trop contestés dans les premières localités qu'il avait choisies. Est-il pris
enfin?... son secret est inviolable; jamais il ne
trahira ses complices; il mourra plutôt dans
les plus affreuses tortures; c'est la seule religion
qui lui reste... celle du serment. Nos palinodis-
tes contemporains en pourraient-ils dire autant?... Plus d'un *capitaine* de cette espèce a
l'impudeur d'habiter les grandes villes, et sous
le masque du rang et de l'opulence est l'*arai-
gnée* venimeuse qui étend, par de lointaines
complicités, ses réseaux dévastateurs à vingt
lieues à la ronde. On conçoit que leur plus
grand ennemi doit être la justice, aussi ont-ils
une haine implacable pour tout ce qui porte
son sceptre, qui est en Espagne la *baguette
blanche*.

Toute la Nouvelle-Castille était encore remplie, en 1811, du bruit de l'horrible assassinat
qu'avait commis le sanguinaire *Trasbani*, brigand audacieux, Italien d'origine. Informé par
ses affidés que DON GUSMAN D'ALVARÈS, corré-
gidor de Coimbre, devait passer par les montagnes, dites *infernales*, de *Ciudad-Rodrigo*,
pour se rendre aux eaux de *Lédesma*, avec la
comtesse son épouse et un enfant au berceau; il

s'y embusque, attaque le *coche-colleras* (berline)
fait feu sur les domestiques, sur les mules, préside
lui-même au massacre du comte et de l'infor-
tunée comtesse ; (*n'épargnez ni le sexe ni l'âge !*
s'écrie-t-il dans sa fougue criminelle); et char-
gé de butin, lui et sa bande s'enfoncent dans
le creux des rochers ; mais le *berceau vengeur*
contenait le fils de don Gusman, qui, sauvé
miraculeusement par des contrebandiers portu-
gais, et ayant atteint l'âge de vingt ans, vengea
les mânes de son père, en ne cessant de pour-
suivre Trasbani, qu'il parvint à faire périr sur
l'échafaud.

Telle fut la fin de ce brigand fameux, dont
les attentats nous ont donné l'idée de notre
gravure. Il y est représenté au milieu des horreurs de la nuit et de ses forfaits, et s'y érige
en infâme ordonnateur du meutre. Cette scène
nocturne, pleine de vérité, nous a semblé le
tableau le plus propre à peindre les acteurs de
notre texte, ainsi qu'à aider vivement à l'in-
telligence de notre analyse sur les BANDES DE
BRIGANDS dans la Péninsule.

FIN.